Mon passeport

Moreno L. Roesler

Mon passeport

Recueil

LE LYS BLEU
ÉDITIONS

ISBN : 979-10-377-7076-9

Prologue

En cette journée ensoleillée, je me dirigeais vers mon nouvel établissement. Vêtu d'un ensemble traditionnel, ma main droite était enroulée dans la main gauche de mon père ; j'avais une escorte de taille. Nous étions en 1997. Le jeune béninois de huit ans faisait sa rentrée à Cayenne. Face à l'architecture de l'école, je remarquai que le design était différent de mon ancien bahut situé à Cotonou. Me voici à René Barthélemy, un établissement portant le nom d'un ingénieur français ! Mon père m'accompagna dans la cour, échangea quelques mots avec la maîtresse et reprit sa route. Tout à coup, le mal du pays m'envahit. Nostalgie, oh douce nostalgie !

La maîtresse fit l'appel et nous rentrâmes tous dans la classe. Je n'avais jamais vu une salle aussi colorée. J'observais des Noirs, des Chabins[1] et des Blancs. La première journée était mouvementée. J'étais assailli

[1] Métis aux traits africains, cheveux blonds ou roux bouclés et peau claire.

de questions par mes nouveaux camarades. À l'heure de pause, la cour de récréation se transforma en commissariat de police. Je subissais un interrogatoire minutieux. En effet, quelques élèves vinrent à moi et m'interrogèrent :

— C'est vrai que tu viens de l'Afrique ?

— Oui...

— Peux-tu nous dire un mot en Africain ?

— Euh, ma langue est le fon. Je suis originaire du Bénin.

— Décris-nous ton village ? Est-ce comme à la télé ?

— J'habitais en ville. Je ne sais pas ce qui est décrit dans votre poste de télévision.

— Chassais-tu des animaux pour te nourrir ?

— Je n'ai jamais chassé. Ma famille faisait les courses et préparait à manger.

— Vivais-tu avec les lions ? Comment étaient-ils ?

— Je n'ai jamais vu de lions de ma vie.

Je me sentais comme un alien, originaire de la planète Mars, immigrant sur Terre. La sonnerie retentit et nous rejoignîmes la classe. Les années passaient et je m'intégrais progressivement jusqu'à devenir un des leurs. Ils oubliaient à peine que je venais d'Afrique. En l'an 2000, mes parents décidèrent de s'installer à Connecticut (USA). J'étais confronté à une nouvelle culture, un nouveau mode de vie. À l'école, on me surnommait « Frenchy ». Les élèves étaient enthousiastes de voir un Français au sein de leur établissement mais certains avaient des questions qui leur brûlaient les lèvres. Un midi, pendant la pause lunch, un copain de classe me posa les questions suivantes :

— Existe-t-il vraiment des Noirs en France ?

— Oui ! J'en suis la preuve vivante.

— Est-ce vrai que vous ne mangez que des escargots ?

— Pour ma part, je n'en ai jamais mangé.

— Portez-vous réellement tous des bérets ?

— Non ! Tout dépend du style de la personne.

— Mangez-vous du fromage à chaque repas ?

Pendant un moment, j'eus un fou rire, puis, je repris mes esprits.

— Non ! Tout le monde n'est pas accro au fromage même si j'avoue que la majorité aime cet aliment.

Considéré comme un Africain en Guyane française, puis, comme un Français aux États-Unis ; sur le chemin du retour à la maison, assis à l'arrière de ce bus scolaire jaune, mon nez collé à la vitre, mon esprit vagabondait et je me disais intérieurement : « Après toutes ces aventures, je me rends compte que j'avais côtoyé diverses cultures et mentalités. Pour mon âge, j'avais une belle ouverture d'esprit. Cependant, les autres enfants étaient dotés d'un esprit étroit. Par manque de voyages, ils voyaient le monde sous un seul angle, leur angle de vue. Je me suis juré qu'en devenant parent, j'emmènerais mes enfants parcourir le monde. Les enfants sont les adultes de demain. Les voyages leur permettront de s'ouvrir, de comprendre et d'accepter l'autre. Par conséquent, cette ouverture au monde préviendrait le racisme, les préjugés… »

Le visa

En Afrique, l'obtention
Du visa pour l'Occident
Est un processus en détention.
Même en souriant de toutes ses dents,

La liberté ne lui sera pas acquise.
Le visa attise la convoitise.
L'administration carbure au vin
Les pots-de-vin, seuls moyens

Pour le demandeur
D'arriver à ses fins.
Ravageur
Est ce système sans fin.

Par conséquent, les plus précaires
Prennent le large.
Peu habiles à la nage,
Ils perdent leurs vies en pleine mer.

En Occident, l'obtention
Du visa pour l'Afrique
Est sans pression.
Inutile de se livrer au trafic

D'influence. La majorité
Prend le large vers
des destinations dorées
Pour se dorer la pilule en hiver.

Heureux sont ceux qui l'ont !
Malheureux sont ceux qui ne l'ont pas !
Sans le visa, je ne peux voyager en règle.

Le voyageur

En quête de nouvelles aventures,
L'âme du voyageur suit son instinct
Comme un chien à l'affût
De sa proie.

Rien de mieux qu'une envie d'évasion !
L'âme du voyageur plane dans
Les airs jusqu'à l'atterrissage.
Tel un sage, elle trace les routes

Nuageuses de son voyage.
Soucieuse ou insoucieuse,
Elle ne voit pas
Venir la pluie et l'orage à l'horizon.

Le grondement du tonnerre
Effraie sa destination.
Perturbé, le voyage

Prend une autre allure.
À vive allure, l'âme
Du voyageur atterrit
Sur un sol désiré ou non désiré.

En quête de nouvelles aventures !
En quête d'une vie meilleure !
S'aérer ou fuir son quotidien !

Le ciel voit des aventuriers.
Le ciel voit des réfugiés.
Le ciel voit des exilés…

Peu importe le motif,
Peu importe la destination,
Nous sommes tous des voyageurs.

L'accoutrement du voyageur

Costume avec ou sans cravate,
Vêtements chics ou décontractés,
Je ne sais plus où donner de la tête.

De la tête au pied,
Je cherche mon style
En défilant dans ma chambre
Tel un mannequin dans un défilé.

Les motifs affichés sur mon wax[2]
Sont en harmonie avec les couleurs
De mon sac kente[3].
Je m'accroche
À mon style traditionnel comme
Kunta Kinte[4] à son identité.

---

[2] Tissu africain.

[3] Sac en coton et en soie conçu avec un tissu provenant du peuple Akan en Afrique de l'Ouest.

[4] Figure fictive, protagoniste du roman *Roots* d'Alex Haley et des miniséries télévisées *Racines*.

Costume avec ou sans cravate,
Vêtements chics ou décontractés,
Je ne sais plus où donner de la tête.

Le bleu blanc rouge me sied.
Enfant de la patrie,
Mes vêtements sont assortis à mon drapeau.

Peu importe l'accoutrement choisi,
Sous mon plus beau jour,
Je rentrerai dans l'avion voir le jour
se coucher dans les bras de la nuit.

La valise du voyageur

Ma subsistance se tient
Dans cette valise.
Elle contient
La quintessence de ma vie.

Partir temporairement ou à jamais,
Peu importe la durée du séjour ;
Ma valise ne contiendra que l'essentiel.

Durant notre existence,
Certains accumulent des biens ;
D'autres, des liens d'amitié.
D'une culture à une autre,
Les uns et les autres
sont signe de richesse.
Mais avant mon départ, ma valise
Ne contiendra que l'essentiel.

Le nombre de valises apportées
Révèle l'origine du voyageur.
Je balaie ces clichés.

Ma provenance ne détermine
Pas le fond de mes bagages.
Avant le départ de mon vol,
Ma valise contiendra l'essentiel.

Ce fameux sentiment…

Ce fameux sentiment
Mêlant joie et enchantement ;
À tout instant,
L'on a envie d'avancer le temps.

Ce fameux sentiment
Qui nous empêche d'encaisser
L'écoulement du sable dans le sablier.
L'attente est vécue comme un châtiment.

Ce fameux sentiment
M'habite en permanence.
Sur la balance, je ressens
Le poids du voyage. Une avalanche

D'idées envahit mon esprit.
Je me vois déjà arrivé à destination.
En pleine rêverie, je vis les actions
De mes futures aventures. Diverti,

Je ne vois plus le temps passé.
Ce fameux sentiment
Me donne des ailes à un moment
Où la Terre s'est arrêtée de tourner

Autour de moi. Je veux voyager
Sans attendre. Le passager
Que je suis savourera chaque seconde
De ce vol comme une colombe

En plein air. L'air frais
Que je respirerai
Dans ce ciel dégagé
Sera pour moi synonyme de liberté.

Sur le chemin de l'aéroport

Sur le chemin de l'aéroport,
J'ai eu un sursaut du cœur.
Je m'oriente vers un futur flou
Et je laisse derrière moi mon passé.

Sur le chemin de l'aéroport,
Dans ma tête se produit une tempête.
Ma confiance est ravagée.
La peur est la seule survivante.

Sur le chemin de l'aéroport,
Je me sens comme le personnage
D'un roman. Je vis
L'intrigue de ma vie.

Sur le chemin de l'aéroport,
J'ai des questions en suspens…
Mes futurs amis seront-ils aussi
Aimables que les anciens ?

Les futurs et les anciens
Deviendront-ils des amis ?

Sur le chemin de l'aéroport,
Je me dirige vers l'inconnu.
Mais après tout,
Cher lecteur,
Ne suis-je pas moi-même
Un inconnu à vos yeux ?

Les adieux

Seul Dieu
Connaît mon chagrin.
Je me trouve dans un sale pétrin
Au moment de faire les adieux.

Mon être est déchiré.
Les miettes sont éparpillées
Aux quatre coins de la mémoire
De mes proches. À croire

Qu'on ne se reverra plus !
Mes larmes coulent abondamment
Comme un torrent de pluie.
Jadis avare de sentiments,

Ils se faisaient rares sur la carte
De menu. Ma sensibilité a succombé.
Dans cette allée bordée de passagers,
Je m'écroule comme un château de cartes.

Ce n'est pas un adieu,
C'est juste un au revoir !

À bord de l’avion

À bord de l’avion,
Je regarde à travers le hublot.
À bord de l’avion,
Je suis allé au culot.

À bord de l’avion,
Je suis en pleine euphorie.
Des larmes aux rires,
De mon hublot, mes problèmes

Paraissent si petits.
J’ai bravé mes proches
Et me voilà si proche
Du but. Si l’Afrique

Est mon berceau,
J’y reviendrai me reposer
Pour mes vieux jours.

La nostalgie

Je suis dans le déni
Total. Je me voile
La face. Sur la toile,
Mon allure exprime le génie

Du peintre. Il m'a peint
Avec un cœur.
Tristes sont les couleurs
Exprimant le déclin

De mon portrait. Petit pays,
Écoute la poésie
De mon cœur ! La nostalgie
Que j'éprouve est le mal du pays.

Je m'entoure du peuple
Pour combler un manque.
Leur présence meuble

Le vide en moi. Petit pays,
Écoute la poésie
De mon cœur ! La nostalgie
Que j'éprouve est le mal du pays.

L’éternel étranger

Vêtu de mon plus bel
Habit traditionnel,
Mes compatriotes me dévisagent
Sur le sol béninois. Mon visage

À la couleur noir pétrole
Mais ils m’aperçoivent autrement.
Qui suis-je à leurs yeux ?

Immergé dans la culture créole,
Je me sens comme une luciole
Dans son habitat naturel.

Comme la majorité, j’ai la couleur noir pétrole
Mais ils m’aperçoivent autrement.
Qui suis-je à leurs yeux ?

Sur le continent européen
Et américain, *Peau noire, masques blancs*[5]
Est ma psychologie au quotidien.

Malgré mes masques blancs,
Ils m'aperçoivent autrement.
Qui suis-je à leurs yeux ?

Je suis l'étranger de l'un,
Je suis l'étranger de l'autre.
Les uns et les autres sont des étrangers.

Peu importe ma destination,
Je serai étranger dans ton pays.
Peu importe ton pays,
Tu seras un étranger arrivé à destination.

Mon passeport est international.
Je suis un citoyen du monde.

---

[5] Titre d'une œuvre écrite par Frantz Fanon et publiée au Seuil en 1952. Elle présente une réflexion, d'un point de vue psychologique, sur ce que le colonialisme a laissé comme héritage, en prenant appui sur la relation entre le Noir et le Blanc.

Les tampons de mon passeport

Enfant, je visite mon père sur une terre voisine.
Salut, Yopougon ma belle !
Dès lors, les voyages me fascinent.

Dès mon plus jeune âge, je quitte ma terre natale.
Adieu Cotonou ma belle !
Me voici donc en cavale !

Ma terre d'accueil me tend les bras.
Salut Cayenne ma belle !
Épris d'amour pour elle, nous signons un contrat.

En manque d'air, je décide de prendre un bol d'air.
Salut Rennes ma belle !
En ce lieu, je rencontre de nouveaux frères.

Je poursuis des études supérieures en prenant le large.
Salut Bruxelles ma belle !
J'acquiers de la maturité et prends de l'âge.

La vie m'a joué des tours, je retourne sur ma terre d'accueil.
Salut Saint-Laurent-du-Maroni ma belle !
Je comprends que dans la vie, on naît seul et on meurt seul.

Les opportunités s'offrent à moi alors je m'envole.
Salut Nantes ma belle !
Financièrement, je prends mon envol.

Mon cœur est touché en plein vol.
Salut Paris ma belle !
La bague au doigt, le bonheur, je survole.

Aux côtés de ma chabine,
Salut Montréal ma belle !
Plus rien ne me chagrine.

Je suis un citoyen du monde.
Je vous présente mon passeport.
Quand mon heure sonnera, j'irai dans ma tombe
Avec une multitude de souvenirs à bord.

Yopougon

Dans le champ de Yopou[6],
Je récolte la joie de vivre.
Peu importe la saison sur la côte,
Vivre de joie est une récolte fructueuse.

Dans le champ de Yopou,
Je côtoie les Bété, les Guéré et les Wobé[7].
On s'aime malgré les différences
Et on se rassemble dans l'indifférence.

Dans le champ de Yopou,
Le prince que je suis n'est pas prêt
À trouver sa dulcinée. Puisque mon cœur
A été arraché à la rue princesse[8].

Dans le champ de Yopou,
Jadis, l'Occident snobait nos accoutrements.
Sa mode nous regardait de haut.

---

[6] Il s'agit de la signification de Yopougon, désignant le nom d'un patriarche qui aurait grandement participé au rayonnement de cette commune.

[7] Peuple africain habitant l'ouest de la Côte d'Ivoire et l'est de la République du Libéria où ils sont plus communément appelés Krous (Kru).

[8] Ancienne rue située dans la commune de Yopougon au Nord d'Abidjan. Elle est très fréquentée en raison de la forte présence de bars, de discothèques, de maquis, de lieux de festivités mais aussi pour la pluralité de ses restaurants africains. La rue *Princesse* est devenue l'un des sites les plus réputés d'Abidjan. Elle fut démolie le 5 août 2011 dans le contexte des opérations de réhabilitation et d'assainissement prévues par le district d'Abidjan.

De haut en bas, il admire
À présent nos wax à la mode.
Habillé de la tête au pied par UNIWAX[9],
Mon parfum est signé SIVOP[10].

Dans le champ de Yopou,
Je prends la vie comme elle
Vient car rien n'est acquis.
Tu peux me voir m'amuser
Dans les maquis[11] car c'est
Dans cette ville que la joie naquit.

---

[9] Société anonyme implantée dans la zone industrielle de Yopougon, à Abidjan. Elle dispose, depuis 1967, d'un savoir-faire reconnu dans la fabrication de pagnes wax nommés « Wax Côte d'Ivoire ».

[10] Entreprise ivoirienne de parfumerie.

[11] Fait référence à un concept de restaurants en Afrique francophone, plus particulièrement en Côte d'Ivoire et au Burkina Faso.

Ganvié

Au royaume du Dahomey[12],
Mes ancêtres m'ont laissé un héritage.
Certains l'appellent la Venise africaine ;
D'autres, la cité lacustre.

Au royaume du Dahomey,
Mes ancêtres m'ont laissé un héritage.
À bord de ma pirogue, j'observe
Ces habitations suspendues sur l'eau.
Mon regard se noie dans les yeux
De ces « Mino »[13] donnant leur souffle de vie
À leurs nouveau-nés. Né de nouveau, cette cité
Me souffle l'espoir de demeurer innocent à jamais.

Au royaume du Dahomey,
Mes ancêtres m'ont laissé un héritage.
Je garde la pêche lorsque je traverse
La cité à la rame. Au quotidien, je prie pour que
Dieu me pardonne car je pèche en succombant
À la beauté de ce lac. Mon ventre gargouille
Quand il est l'heure de pêcher les poissons
Engloutis dans les profondeurs de ce lieu aquatique.

---

[12] Nom désignant l'ancien royaume africain qui, entre le XVIIe siècle et la fin du XIXe siècle, était situé au sud-ouest de l'actuel Bénin.

[13] Terme en fon (la langue utilisée au Bénin) renvoyant au nom commun "mères", en français.

Au royaume du Dahomey,
Mes ancêtres m'ont laissé un héritage.
Les maisons sur pilotis me parlent
De leurs souffrances d'autrefois.
Il fut un temps, la cité lacustre
Était un refuge pour les esclaves fuyant
Un triste sort. Tout l'or du monde
Ne pourrait réparer les torts causés
Aux ancêtres. À la vie où
À la mort, je ne cesserai d'aimer Ganvié.

Cayenne

La capitale de la Belle Cabresse[14]
Ne cesse de me séduire. Cœur
À prendre, j'ai dit oui à son carnaval.
Aimons-nous au rythme des tambours.

La capitale de la Belle Cabresse
Ne cesse de me séduire. J'aime
Voir sa silhouette dans ce madras[15]
Dont les couleurs évoquent le soleil.

La capitale de la Belle Cabresse
Ne cesse de me séduire.
Avec un verre de ti-punch[16] dans le sang,
Je me casse le corps au rythme
Du tambour. Célébrons notre idylle
En dansant, dansons le kasékò[17] !

La capitale de la Belle Cabresse
Ne cesse de me séduire. Je perds
La tête car sa population multiethnique
Est aussi belle que les couleurs
De l'arc-en-ciel. Même Cupidon voit
Trouble alors comment pourrait-il tirer à l'arc ?

---

[14]Rhum provenant de la Guyane française.
[15] Tissu fabriqué à partir de fibres de bananier à l'origine, puis, de coton et de soie. Il se distingue de par ses fils aux couleurs vives, ses motifs en forme de carré ou ses rayures.
[16] Boisson alcoolisée typique de la Caraïbe ou de la Guyane française.
[17] Rythme musical originaire de la Guyane française et créé à partir de tambours. Ce terme désigne également la danse qui découle de ce rythme.

La capitale de la Belle Cabresse
Ne cesse de me séduire.
Je me sens comme le roi Béhanzin[18]
en Martinique. Après tout, nous venons tous
d'Afrique !
Alors reconnaissons nos racines malgré cette part de
diversité
Existante en nous. Métissé(e)s sommes-nous !
Reflétons ce monde en couleur !

La capitale de la Belle Cabresse
Ne cesse de me séduire. J'y ai laissé
Ma plume et mon cœur. L'une a signé
L'acte de mariage et l'autre a juré
De l'aimer à vie. Quelle ironie du sort !
Elle m'a eu en beauté.

---

[18] Roi du Dahomey (l'actuel Bénin) du 6 janvier 1890 au 15 janvier 1894. À la suite d'une lutte de longue haleine contre la France, il perdit de nombreux hommes mais parvint tout de même à faire reculer l'armée française avant de déposer les armes. Il fut par la suite exilé en Martinique.

Rain city

Trempées sont mes pensées
En ce temps pluvieux.
Le vent tant agité
Souffle en ce lieu

Un froid glaçant mon courage.
La pluie inonde mes lunettes.
Ma vision est brouillée. À la nage,
Je traverse le tunnel

De cette cité se jetant sur la Vilaine.
À travers la buée, j'observe le Grand Ouest.
Je m'approche de cette reine
En pleurs. Je lui tends ma serviette

Afin d'essuyer ses larmes
De joie puisque bonne
Est cette ville de Rennes
Couronnée capitale bretonne.

Bruxelles

À Bruxelles, je me balade à l'air libre.
Nues sont mes pensées. L'équilibre,
Je le trouve grâce à mon état d'esprit peace
And love. L'humour est mon point fort. Alors je pisse

Comme Manneken-Pis[19] sur la place publique.
J'aime le chic tapissant l'avenue Louise[20].
Mais mon pouvoir d'achat ne risque
Pas de marquer les esprits comme la princesse
Louise[21].

L'Afrique me manque alors je cherche piments
Et condiments. Direction Matonge[22], un sentiment
De bien-être m'envahit. Je suis parmi les miens.
À l'aise en tous lieux, mon peuple est citoyen

De ce monde. Du bon temps dans les bars
Avec les amis, on se tape des barres.
La bière bruxelloise coule à flots.
Et notre résistance à l'alcool se noie dans le flot.

---

[19] Cette appellation de la célèbre sculpture en bronze érigée à Bruxelles signifie "le petit homme qui pisse", en bruxellois.

[20] Avenue bruxelloise qui part de la Place Louise et se prolonge jusqu'au Bois de la Cambre. Elle représente l'une des avenues les plus prestigieuses et les plus célèbres de la capitale.

[21] Fille aînée du roi Léopold II de Belgique et de la reine Marie-Henriette. Son prénom a été attribué à l'avenue Louise.

[22] Plus grand pôle commerçant et associatif africain (essentiellement congolais) de Bruxelles.

À Bruxelles, je me livre à la gourmandise.
Moules-frites, gaufres, c'est bon et c'est belge !
Mes papilles gustatives ne s'adonnent pas à la fainéantise.
Les cuberdons[23] et bonbons Napoléon,[24] c'est bon et c'est belge !

[23] Bonbon ou friandise typique de la Belgique.

[24] Petite friandise belge au cœur acidulé provenant d'Anvers et actuellement produite à Breskens, aux Pays-Bas.

Saint-Laurent-du-Maroni

Les journées ensoleillées à la crique Tatou
Me rappellent que la vie est un délice. Un coucou
Du ciel dirige mon regard sur les chutes Voltaire.
La vue est imprenable ! Accompagné ou en solitaire,

J'observe ce bateau de la marine marchande
Britannique échoué il y a belle lurette.
Mes yeux sont éblouis au contact de ce parc naturel
Dont la magnificence est flagrante.

Si le paradis terrestre existait,
Je pointerais du doigt Saint-Laurent.

En paix vivent ces différentes ethnies
Bushinengue,[25] Saramaca,[26] Amérindiens[27].
Un brassage culturel dont je maintiens
Les liens dans mon carnet, un permis

Fraternel me permettant de circuler sur la route de l'amitié.
Quand les restos créoles côtoient les restos chinois,
Cela engendre des ingrédients communs : poulet, poisson boucané…
À Saint-Laurent, je me sens comme chez moi.

---

[25] Cette appellation est utilisée localement pour nommer l'ensemble des peuples descendants d'esclaves africains envoyés au Suriname pour travailler dans les plantations.
[26] Idem.
[27] Désigne les peuples autochtones amérindiens de Guyane.

Si l'enfer terrestre existait,
Je pointerais du doigt Saint-Laurent.

Le bagnard se trouvant à l'entrée du camp
De la relégation du Maroni me rappelle le passé
Sombre du bagne. J'entends les voix cassées
De ces bagnards noirs ou blancs représentant

Un hymne douloureux.
Les trois enfants de Guyane
À l'entrée du marché jouissent d'un havre
De paix obtenu dans la douleur par les aïeux.

Si le paradis terrestre existait,
Je pointerais du doigt Saint-Laurent
Sans oublier l'enfer vécu amèrement
Par ces bagnards demeurant dans nos mémoires à
jamais.

Nantes

Dans les Pays de la Loire,
Je me balade sur les bords de la Loire.

Élue dans le temps ville la plus agréable
D'Europe, impérissable
Est le souvenir que j'ai de Nantes.
Attiré par son architecture fascinante,

Je sillonne le quartier du Bouffay.
Les yeux plus gros que le ventre,
Assommé je suis face à ces buffets
À volonté situés en plein centre.

Dans les Pays de la Loire,
Je me balade sur les bords de la Loire.

Amateur de sensations fortes,
Le vertige frappe à la porte
De mon cœur. De fil en aiguille,
Je me laisse transporter par Les Machines de l'Île[28].

Dans les Pays de la Loire,
Je me balade sur les bords de la Loire.

Le musée des Beaux-Arts
Attise ma romance avec ses œuvres d'art.

---

[28] Lieu d'exposition et d'animation implanté à Nantes, en France.

Je soigne donc ma culture
En favorisant la rupture
Avec l'ignorance que j'incarnais, sans rancune !
Si la Tour-d'Auvergne est l'une
Des tours les plus hautes de l'Île, alors, en ce sens,
Je prolonge ma romance
En faisant prendre de la hauteur
À ma culture, sans aucune peur !

Dans les Pays de la Loire,
Je me balade sur les bords de la Loire.
Je m'arrête au jardin japonais de l'Île de Versailles
Offrant un paysage de cascades, de plans d'eau et de rocailles.

Paris est magique !

On m'a dit que Paris est magique
Mais je n'y ai vu que des sueurs.
Le bonheur tant loué n'est qu'un leurre.
Le prix de la vie est astronomique.

On m'a dit que Paris est magique
Mais je n'y ai vu que des privilégiés.
Entre sourires et passe-droits, asphyxié
Je suis face à ces relations pathétiques.

On m'a dit que Paris est magique
Mais mes journées sont fatidiques.
Métro, boulot, dodo ! Tic-tac, tic-tac,
Mes journées défilent à vive allure.

On m'a dit que Paris est magique.
Je me plains mais les opportunités sont belles.
La concurrence est rude
Mais le jeu en vaut la chandelle.

On m'a dit que Paris est magique.
Soit je ne crois plus en la magie
Soit elle a perdu de sa magie.

Sur les rives de Montréal

Sur les rives de MTL, j'ai posé ma valise.
Dans ce froid glacial, ma plume grelotte.
Le passé derrière moi, la nostalgie m'habille.
Dans ce nouvel habitat, je tente d'écrire une
nouvelle page.

Sur les rives de MTL, j'ai posé ma valise.
Ma page prend des couleurs puisque
Le noir, le blanc, le jaune…
Se marient à merveille.
Ma plume se réchauffe car
Dans cet arc-en-ciel, elle a trouvé sa place.

Sur les rives de MTL, j'ai posé ma valise.
Mes matinées de footing sont gaies
Car le sourire des riverains me propulse
Alors je cours sans modération.

Sur les rives de MTL, j'ai posé ma valise.
Mon cœur ne cesse de s'emballer.
J'écris pour retenir mon souffle et
Je le publie pour vous souffler des mots d'amour.

Sur les rives de MTL, j'ai posé ma valise.
Dans celle-ci se trouve tout simplement mon être.

Table des matières

Imprimé en Allemagne
Achevé d'imprimer en septembre 2022
Dépôt légal : septembre 2022

Pour

Le Lys Bleu Éditions
40, rue du Louvre
75001 Paris

www.ingramcontent.com/pod-product-compliance
Lightning Source LLC
LaVergne TN
LVHW050345160826
845677LV00014B/3805
* 9 7 9 1 0 3 7 7 7 0 7 6 9 *